みんなの年金相談室

阿久津嘉子 著

本の泉社

表紙・扉の素材提供
粋屋

本文イラスト
佐々木こづえ

はじめに

この本は、「消えた年金記録」を回復した方々の奮闘の記録です。月刊『ゆたかなくらし』（本の泉社）に「これでは生きていけない、無年金・低年金者の叫び」として連載したものを一冊にまとめました。プライバシーを考慮し、お名前はA子さん、B男さんとしました。

これからご自分の「消えた年金記録」を確かめようとされている方々の参考になれば幸いです。また、年金記録探しをあきらめている人たちがこの本の相談事例から勇気をもらい、あらためて記録探しをされることを期待しています。

現行の年金制度は「つぎはぎ」だらけです。この相談記録からも、公的年金制度の綻びが具体的に見えてきます。年金制度をお考えになる際にはぜひ、参考にして下さい。

二〇〇七年初頭、「宙に浮いた年金記録が五〇〇〇万件ある」と、テレビ・新聞で大きく報道され、日本中が騒然となり、国会でも大きな議論が巻き起こりました。同年一二月、約一億人（七〇〇〇万人の加入者・三〇〇〇〇万人の受給者）へ、年金加入状況を記載した「ねんきん特別便」が発送され、社会保険事務所の窓口は年金記録の照会に訪れる多くの人たちで大混乱となりました。

年金の支払いには時効という制度があり、原則五年前までしかさかのぼれませんが、記録訂正による「さかのぼり支払い」については、五年の時効が撤廃されました。その結果、年金記録の訂正による増額は、年金受給権の発生時までさかのぼるため、さかのぼり分が二〇年分、三〇年分となり、支払われる金額も、数千万円、数百万円となるケースもでるようになりました。

はっきりした証拠がなく、年金事務所では解決できないケースについて、総務省に「年金記録確認第三者委員会」（以下、第三者委員会）が設置されました。第三者委員会の設立の主旨は「一応、確からしい場合は認める」としていますが、本当にこの主旨に沿っているかどうかは疑問です。「消えた記録」問題が国の責任であることを考えると、もう一歩、本人のいい分を認める方向に踏み出す必要があります。「虚偽の申し立てには罰則を設け、原則的には本人のいい分を認めよ」という学者などの意見もあります。

「老後」はだれにでもおとずれます。日本の六五歳以上の人口が二三・三％（二〇一一年一〇月一日・総務省人口統計による）となり、世界最高の水準で高齢化が進んでいます。やがて近い将来には三〇％になると予想されています。

現状では、高齢者の約七割が公的年金で暮らしており、「年金で、安心して暮らせる」老後は、多数の国民の願い、要求となっています。

年金相談からみえてくる現在の無年金・低年金者の窮状は深刻です。高齢者の自殺、餓死などを思うと、最低保障年金を土台とした抜本的改善の検討が必要ですし、並行して、緊急的な救済処置を急ぐべきではないでしょうか。

発行に際し、本の泉社　比留川洋社長と編集部の山口千里さんには大変お世話になりました。

この本へのご意見・ご感想などをお待ちしております。また、読者のみなさんの年金についてのご相談もどうぞお寄せ下さい。

二〇一二年五月　　阿久津　嘉子

目次

第1章　年金記録が消えた⁉　①

消えた記録探しに一年、二年……

私は七五歳ですが、国民年金と厚生年金とを合わせて月額七万円の年金をもらっています。妻の四万円の年金と合わせて月一一万円、ぎりぎりの生活です。
一四歳で漁船に乗り、一五歳には九州の炭鉱で一年ぐらい働きましたが、「ねんきん特別便」にはこれらの期間が記入されていません。何度も社会保険事務所に調査を依頼しましたが解決しません。記録を探し出し、少しでも年金を増やしたいのです。

Sさんは、社会保険事務所に何度も足を運び主張しましたが、一年以上経っても記録はみつかりません。Sさんは怒り、社会保険事務所の職員の胸ぐらをつかみ、あわや暴力沙汰かという場面もあったといいます。私の前では、「自分は短気で、かっとなる」と反省していますが、社会保険事務所の職員の間では「有名人」になっていたようです。

私はSさんから、炭鉱で働いた期間について時間をかけて聞きました。「何年ごろか、炭坑の場所はどこか、一緒に働いていた人の名前を覚えているか……」など、Sさんの覚えている範囲で、あらためて社会保険事務所に調査を申し出ることにしました。

二人で社会保険事務所に行き、Sさんが「胸ぐらをつかんだ」という担当者と会いました。

Sさんも担当者もこれまでの経過があり、最初はお互いにけんか腰、険悪な雰囲気で話し合いが始まりました。私から、Sさんが「暴力」を反省していることを担当者に伝え、担当者には、いろいろな角度から何度もコンピューターの画面を開いてもらいました。担当者も根気よくコンピューターの画面を開きつづけてくれました。その結果、炭鉱の期間が一〇ヵ月みつかり、年金が増えることになりました。

しかし、漁船に乗っていた期間はみつからず、この期間について「年金記録確認第三者委員会」に再調査を申し出ることにしました。とりあえず、厚生年金は月額約三五〇〇円増えることになり、さかのぼって訂正される分が約五三万円支払われることになりました。

社会保険事務所を出て、Sさんと喫茶店に入りました。Sさんは、涙を流しながら深く頭を下げ、コーヒーを一口飲むと、さらに何度もハンカチで目頭をおさえました。

私はSさんの涙におどろきましたが、年金が増えるということが高齢者にとってどれほどのことなのか、改めて教えられました。

軍事工場で働いた時期の年金記録

私は八三歳、中国で年金生活をしている日本人です。私の年金記録に漏れがあります。調べてください。日本に行く機会はほとんどありません。

国際電話でのＡさんの話の要旨は、つぎのようになります。

「これまで私は働きつづけましたが、社会保険のない会社で働くことが多く、老齢年金は月額一〇万円ほどという結果になりました。これでは、ぎりぎりの生活をしていても家賃と生活費をまかなえません。

多少の貯えで何とか生活してきましたが、七五歳のときに貯金も底をつき、何とかしなくてはならないと焦りました。生活保護を受けることになるかもしれないとも思いました。

年金は、海外に送金してもらえると聞き、月一〇万円で暮らせる国を必死で探しました。タイ、フィリピン、マレーシア、中国など。私は中国を選びました。中国語をまったく話せない私は、日本人が比較的多く住む地域を選び、大決断をして永住の覚悟で中国に渡りました。心細さもあり、領事館に足しげく通い、いろいろ教えてもらいました。このときお世話になったＨ領事さんは日本に帰られましたが、いまでも大変感謝しています。

年金記録には、戦争中の軍需工場で働いていた一年が漏れています。

私は日本に帰ることはできませんので、私に代わって年金記録を探してください」

以上がAさんの話です。外国で優雅に年金生活をおくる方もいますが、一方では、Aさんのように、やむなく生活費の安い外国に住む決意をする方もいます。

戦争中の年金記録は、日本の敗戦前・後の混乱のなかでの問題を抱えていますが、当時の制度の不備、矛盾も含めて、年金記録の戦後処理は終わっていません。国の責任を強く問いたいところです。

私は、H元領事さんに連絡を取り、Aさんのことをお聞きしました。H元領事さんは、人間を大切にする心をおもちの誠実な官僚で、Aさんのことをいまも心配されていました。

「貯金を取り崩して生活費に当てている」高齢者はかなり一般的ですが、「やがて貯金が底をつく」と不安におののく高齢者も多く、貧困・貧困感は急速に広がっています。

Aさんからの調査依頼は解決困難が予想されますが、中国で必死に生きるAさんの気持ちを思い、記録探しに奔走するつもりです。

もらう側の責任ではない

私は八三歳です。戦後の混乱の中を必死に生きてきました。「ねんきん特別便」を見て、ふと疑問に思いました。自分の年金には、米軍基地で働いた期間が入っていない、どうやって調べたらよいでしょうか。

昭和二〇年八月一五日、日本の敗戦によりアメリカ占領軍が日本に上陸し、日本中に米軍基地がつくられ、たくさんの日本人が米軍基地で働きました。Aさんは、昭和二五年から三年ほど米軍横須賀基地で働きました。基地の中はゆたかなアメリカ、外は戦後の貧しい日本です。Aさんは、日本の未来に複雑な思いを抱きながら三年を過したといいます。

基地で働く人たちは、原則として昭和二四年四月一日から厚生年金に加入していることになっています。しかし、基地関係の厚生年金の加入記録は、さまざまな理由から調べにくいのが実態です。現在、全国の基地関係の年金記録は、防衛省（電話：〇三―五三六六―三一一一）が管理しています。横須賀基地の場合は、横須賀防衛事務所（電話：〇四六―八二二―二四九二）に電話をすると、ある程度説明してくれます。ここで担当者から氏名、生年月日、勤務場所、仕事の内容を聞かれますから、記憶している範囲で答えてください。回答はすぐにはもらえませんが、後日の返答を待ちます。

かなりの人の記録が判明していますので、あきらめないことが大切です。Aさんの記録は、まだみつかりません。何年かけても調べるというAさんに、私も付き添って最後まで調べたいと思っています。

学徒動員での年金記録があった

私は、学徒動員で、昭和一九年から終戦の二〇年まで、C製作所でミシンを踏みつづけました。軍需工場で働いた期間は厚生年金には加入していないと思っていました。ところが、社会保険庁から、「C製作所に勤めたことがあるか」と連絡があり、このC製作所での期間約一一ヵ月分が厚生年金の期間として加算されることになりました。年金が増えることはうれしいのですが、どういうことなのでしょうか?

B子さんは年金が増えるという、思わぬ吉報によろこんでいます。「勉強しないで軍需工場で働きつづけた」と、勉強できなかったことをB子さんはくやしがります。学徒動員・女子挺身隊ということばは若い人にはほとんど通用しないかもしれません。敗戦間近、兵力・労働力不足を補うために学生が動員され、戦地におもむいたり、軍需工場で働いたりしました。「水素爆弾をつくっていた。落下傘をつくっていた」など、いろいろな証言があります。

B子さんのケースをみると、社会保険庁の努力の片鱗がうかがえます。記録をひろいだし、統合する作業を営々と努力しているのでしょう。最後の一人の年金記録が統合されるまで、つづけてほしい作業です。

社会保険庁は、「学徒動員されて軍需工場で働く場合、厚生年金には加入しないことになっている」と説明していますが、実際は厚生年金に加入していたり、いなかったりと混乱しています。不公平だと怒る人たちに、何らかの救済処置が必要ではないでしょうか。大変な時代の日本を支えた人たちなのですから。

社会保険庁が解体され、二〇一〇年一月に日本年金機構が発足し、公務員ではない人たちが公的年金制度の仕事をし、多くの仕事が外注されています。年金記録問題の解決には、時間とベテランの仕事が必要ですが大丈夫でしょうか。

記録が有効になり、増額

私は、戦前から工場で働いていましたが、戦争が始まると兵隊に取られ、戦争が終わって除隊しました。そして昭和二三年にまた働き始めました。私の年金加入は昭和二三年からとなっていました。戦前の期間が計算されていません。有名な大会社でしたから年金には加入していたと思います。どうしたらよいでしょうか。

結論が出るまで約二年かかりましたが、B男さんの年金記録は五八ヵ月分がみつかり、年金が年額二四万円増えることになりました。

労働者年金保険は昭和一七年から始まっていますから、一五歳から工場で働いていたB男さんの年金記録は、昭和一七年から始まるはずです。

このケースでは、B男さんの奥さんの大奮闘がありました。二年前に相談に来られた奥さんは、八七歳とは思えないような若々しい方で、「昭和一七年当時、まだ結婚していなかったけれど、夫が勤めていたというのだから信じる。あきらめないで夫の記録を調べたい」と断言。

ことば通り、奥さんは年金事務所に何度も行き、古い名簿の記録をみつけ出してもらいました。しかし、その名簿の記録は一部が欠けていて、「記録が有効」という結論がでません。結局、「年金記録確認第三者委員会」に申し出て調べてもらうことになりました（四頁参照）。

一年以上かかって、第三者委員会から「あっせんをする」（申し出を認めるという意味）という通知がきました。

年金は年額二四万円増額となり、また六〇歳までさかのぼり三〇年分が支払われ、加算金もつくことになりました。

私は、現在、絵かきが本業というB男さんに似顔絵を描いてもらい、ご夫妻とよろこび合いました。

古びた紙台帳に四年分の記録

私は、昭和一八年に召集令状を受け取り、妻子を残して戦地に赴きました。昭和二一年に帰国し、一年ほど休養、昭和二三年に再就職しました。私の厚生年金は昭和二三年加入となっていますが、戦前に働いていた期間はどうなるのでしょうか?

昭和一七年に労働者年金保険ができて、工場で働く人が加入しました。昭和一九年に厚生年金保険と名前が変わり、女性も、いわゆるホワイトカラーの男性も加入することになりました。B男さんは、仕事の種類からみて昭和一七年から加入していると思われます。

B男さんは何かを思い出すたびに、年金事務所に何度も通い、調べてもらいました。

Ｂ男さんが年金者組合に相談に来られたとき、私は話を聞いて、記録がみつかるかもしれないと思いました。いろいろな経過はありましたが、Ｂ男さんの記録はありました。古びた紙台帳に３男さんの名前が書いてありました。

しかし、喪失年月日（退職した日の翌日）が記入されていません。結局、第三者委員会で判断してもらうことになりました。第三者委員会はＢ男さんのいい分を認め、約四年間の記録が復活することになりました。Ｂ男さんは優秀な技術者だったので、戦地から戻るまで会社が在職扱いにしていたようでした。

Ｂ男さんはこれから年金が増え、さらに六〇歳までさかのぼって差額が支払われます。大正生まれのＢ男さんのがんばりに、心から敬意を表し、私も見習いたいと思います。

第2章　年金記録が消えた!?　②

開けてびっくり特別便

「ねんきん特別便」が届き、開けてびっくり仰天。高校を卒業して六五歳まで休みなく働きつづけ、厚生年金に加入しつづけたと思っていたのに、約一〇年間も未加入になっていたのです。「私の年金が低かった理由はこれだ！」とさっそく、社会保険事務所に出向き、調査を依頼しましたが、「あなたの年金記録は見当たらない」といわれたのです。納得できないので何度も社会保険事務所に足を運びましたが、結果はノーでした。悔しくて夜も眠れず、医者から睡眠薬をもらって飲んでいます。

社会保険事務所で年金記録がみつからない場合、「年金記録確認第三者委員会」に申し出て、調べ直してもらうことができます。社会保険事務所に「年金記録確認第三者委員会の窓口」がありますので、あきらめないで申し出ることが必要です。

後日、Ａさんに付き添って第三者委員会に出向きました。第三者委員会は、「国民の立場に立って……一応、確からしい場合は認める」ということで設立されたのですが、現状はそうなっていないとの疑問・不満・怒りが、申し出た側から出ています。

いま、社会保険事務所では、「記録を調べ直して欲しい」という申し出の書類を受け付けて調査をしていますが、未処理書類が山積みの状態です。社会保険庁では再裁定と再計算をして、さかのぼって支払いをしますが、この事務処理もかなり遅れています。膨大な事務量に職員は疲れ果てて、病休者・退職者が続出しています。

このような状況のなかで、社会保険庁を解体し、独立行政法人日本年金機構で、「宙に浮いた年金記録五〇〇〇万件」「消えた・消された年金記録」「八億五〇〇〇万件の紙台帳」の処理・解決は可能かという大きな疑問が残ります。

Ａさん、最後まで一緒にがんばりましょう。

特例納付をしたのにまた請求

建設業をやっていました。脳梗塞で倒れましたが、リハビリに励んで回復。大工仕事ができるようになったので、いまは頼まれると軽い仕事を一日一万円くらいで引き受けています。月七万円の年金と合わせて何とか生活しています。「ねんきん特別便」を受け取ったところ国民年金に記録漏れがありました。すぐに社会保険事務所に申し出ました。でも認めてもらえません。

B男さんは、しっかりした方で、態度も主張される内容も堂々としています。昭和四四年に妻と死別。そのとき、妻の国民年金の死亡一時金を受け取りましたが、あまりに低い金額におどろき、ばからしくなって国民年金の保険料を支払うのをやめてしまいました。

昭和五五年に「特例納付」といって、未払い分をさかのぼって支払うことができることを知りました。当時、まとまったお金が入ったところだったので、社会保険事務所の人のいうとおりに数十万円を支払い、「これで支払いは済んだ。国民年金は満額もらっている」と思ってきました。

社会保険事務所の調査では、まとめて払ったことは記録されていましたが、全期間ではなく三九ヵ月が未納とされていました。

私はBさんと一緒に社会保険事務所に行き、Bさんの主張と社会保険事務所の説明をすり合わせましたが、結論は平行線となりました。

特例納付をした当時、Bさんには支払う意思も能力もあったのですから、社会保険事務所の側になんらかのまちがいがあった可能性があります。

B男さんの健康が気がかりですが、年金記録確認第三者委員会に申し出ることにしました。B男さんを励ましながら一緒にがんばっていこうと思っています。

私たちの時間は永遠ではない

私たち夫婦に「ねんきん特別便」が届きました。夫は八三歳、私は八〇歳です。夫は寝たり起きたりの日々だったので、書類を放置していました。私は自分の職歴を思い出して「ねんきん特別便」と比較してみたところ、「記録漏れ」があると確信。社会保険事務所に何度も通いました。一年ほど経過し、ようやく漏れていた記録が認められました。さらに一年三ヵ月ほど経過して、ようやく年金の増額分が二回にわたって支払われました。

夫の「ねんきん特別便」のことも気になり、夫から聞き取った範囲で夫の記録漏れを申し立てました。これも認められましたが、増額分が支払われたのはさらに一年後でした。

ところが夫は間もなく死亡、貯えはほとんどなくなっていたので、支払われた増額金で葬式を出すことができました。ほっとした反面、もっと早く支払われていれば、夫に「あしてやれた、こうしてやれた」という思いでいっぱいです。腹立たしいです。

A子さん夫婦は、お二人合わせて二五万円ほどの年金で暮らしていました。自宅もありますから、穏やかな日々だったとA子さんはいいます。ところが夫が病気になり、医療費、病院までのタクシー代など諸々の出費が増えて生活は苦しくなりました。貯金をとりくずし、通帳の残高を眺めてはため息の日々だったともいいます。

「消えた年金記録」の解決は、A子さん夫婦にとってきわめて切実な問題でした。高齢のA子さんが、夫の看病のかたわら、社会保険事務所（年金事務所）に通いつづけた必死の気持ちを思うと、私もこみあげてくるものがあります。

A子さんの例からも、記録問題の解決に時間がかかり過ぎて、高齢者が苦しんでいる姿がみえてきます。

国は、「消えた年金記録」問題にもっと責任を感じてほしいと思います。また、年金生活は、安心して医者にかかれる医療制度があってはじめて安定すると痛感します。

虫食いだらけの「特別便」

私は七五歳、タクシーの運転手を五〇年やってきました。「ねんきん特別便」を受け取りましたが、年金記録の漏れが三ヵ所あり、社会保険事務所に何度も調査を申し出ました。二ヵ所は記録がみつかり、訂正をしてもらい、年金額も増額になりました。しかし、残りの一ヵ所がどうしてもみつかりません。どうしたらよいでしょう。

学校を卒業してから、休みなく働きつづけたはずのA男さんの「ねんきん特別便」は、虫食いだらけです。タクシーの運転手によくあるケースです。

A男さんは、虫食いのいくつかは、会社の都合で加入していなかった期間で、自分も保険料を払っていなかった記憶があるので、この部分はやむを得ないからあきらめるといいます。

しかし、納得できない三ヵ所については奮闘し、二つの年金記録漏れを社会保険事務所に認めさせました。年金額も増え、六〇歳までさかのぼって差額も受け取りました。残る不明の六ヵ月について、どうしたらよいかとの相談です。

不明のこの期間には、大臣もやったことのある人が当時の自由党から衆議院議員選挙に立候補し、A男さんは会社から運転手として派遣されました。給料は会社から出ていたし、厚生年金にも当然、加入していたはずだといいます。会社の命令で手伝いに行ったのだから、とA男さんは納得できません。

年金事務所では、「これ以上の調査はできないので年金記録確認第三者委員会に申し出てください」という結論になりました。

結局、A男さんと第三者委員会に申し出る書類をつくり、提出しました。しかし第三者委員会は、結論がでるまで一年以上かかりますから、A男さんへのお手伝いは、まだまだつづきます。

父が働きつづけた証となる写真

父母の年金のことで相談したいのです。父は一〇年前に亡くなり、母が遺族年金を受給しています。働きつづけた父の姿を見て育ちましたから、「ねんきん特別便」に記入された父の加入記録にはどうしても納得がいきません。年金事務所に何度も行きましたが、何も変わりません。どうしたらよいでしょうか?

B男さんは、会社を休んで相談に来られました。高速道路を使い、三〇〇〇円かかったといいます。持参した古い写真は、お父さんがトラックに寄りかかっている写真、工場で数人と作業している写真などですが、何日もかけて探し出したとのことです。これらの証拠をもとに、もう一度、年金事務所に調べなおしてもらうことになりました。

B男さんは、お母さんの遺族年金を増やしたいということもありますが、お父さんの働きつづけた「証」ともいうべき年金記録が「宙に浮いたり、消えたり、消されたり」することを認めることはできないと怒っています。

記録漏れ問題は、国と届出義務のある事業所の責任ですから、遠慮することも弱気になることもありません。年金事務所で解決できないときは、「年金記録確認第三者委員会」に申し立てることができ、第三者委員会で解決している例もかなりあります。「本人が最後まであきらめない」ということが、解決の最大の条件です。

私は、Ｂ男さんがあきらめない限り相談にのり、お手伝いをすることを約束しました。

記録の漏れがみつかり年金が下がる？

私は、「ねんきん特別便」を受け取り、年金記録が漏れていることに気づきました。それからは年金事務所に何回も通い詰め、やっと古い年金記録がみつかりました。しかし年金額は増えないといわれました。どうしてですか？

古い年金記録がみつかり、年金額を再計算した場合に、逆に年金額が下がることがあります。

年金額は、加入期間と平均標準報酬月額（およそ平均賃金額と同じ）で計算しますので、期間が増えても平均標準報酬月額が下がり、まれに、年金額が減ることがあります。「宙に浮いた年金記録」がみつかって年金額が下がる場合には、年金額を下げないということになっています。

B男さんの場合は、古い記録を入れて再計算すると年金額が下がるのですが、下げないで現状のままということになります。納得できないB男さんの気持ちはわかります。

B男さんに似ているC男さんの場合を紹介します。

C男さんは、記録が複数みつかりましたが、賃金が低い記録と比較的高い記録があり、相殺された形で年金額が少し増えました。納得できず、その後もがんばったC男さんの年金は、年金額を下げる記録は計算に入れず、年金額を増やす記録のみを計算に入れることになりました。

「古い記録で年金額を減額することはしない」ということ、時効ということでしょうか。年金記録の混乱のなかで奮闘する受給者は、国の解釈の幅を広げています。敬意を表したいと思います。

聞かれても思い出せない

夫が死亡した後、夫がのこしてくれた遺族年金で生活しています。最近、年金事務所から、「夫の年金記録に漏れがある」と問い合わせがきました。九三歳にもなり、記憶も薄れているので、どうしたらいいのかわかりません。

「宙に浮いた五〇〇〇万件の年金記録」は、未解決が約二〇〇〇万件あり、この調査がつづいています。さらに、コンピューターに入力されず、紙台帳のままになっている数億件の記録の調査が始まりました。

この作業のなかで、年金事務所から、「A子さんの夫の年金記録と思われる記録があったので、確認したい」という通知があり、A子さんは年金事務所に行きました。いろいろ聞かれましたが、思い出せなくて、解決しないままに帰ってきたとのことです。

思い出せなくても、年金事務所の担当者と粘り強く話し合ってください。九三歳の方に、五〇年も六〇年も昔の、夫の勤務先を思い出せというのはしょせん無理な話ですし、記録の混乱の責任は国にあるのです。私も年金事務所にご一緒しますから、がんばりましょう。

「ねんきん特別便」は、二〇〇七年一二月から発送が始まりましたが、Ａ子さんのような未解決の例は、まだまだ想像を超えた件数になると思われます。

司法修習生のころの記録がない

私は弁護士です。「ねんきん特別便」を見て疑問をもちました。自分は雇用されたことがないから、国民年金を掛けつづけ、老齢基礎年金を月額で、満額六万六〇〇〇円受給しています。司法修習生のときは共済組合に加入していたと思うのですが、この期間は年金になりますか?

年金は受給できます。最高裁に電話して共済組合の係の人に申し出、手続きに必要な書類をBさん宛に送ってもらうことにしました。その後、Bさんから、年金が増えたとよろこびのご連絡をいただきました。

七ヵ月の記録漏れが請求できた!!

私は七〇歳、国民年金を三〇年掛けて、現在、老齢基礎年金をもらっています。最近になって、若いころ数ヵ月勤めたことがあることを思い出しました。当時、健康保険証をもらった記憶があります。この分は年金になりますか？　いまからでも手続きはできますか？

年金事務所でA子さんの厚生年金加入期間を探してもらいました。七ヵ月の厚生年金加入期間がみつかりました。いろいろな加入期間を合計して二五年以上ある場合には、厚生年金の加入期間についてはつぎのようになります。

①六〇歳から六五歳未満までは、一年以上の厚生年金加入期間があれば、年金が出ます。

②六五歳以上になると、一ヵ月以上の期間があれば、期間に応じた年金が支払われます。

わずかな期間でもあきらめないで請求することが大切です。A子さんは、七ヵ月の期間について年金事務所に請求の手続きをして、さかのぼって年金の支払いを受けました。

第3章　複雑な障害年金

六二歳、認知症の妻に障害基礎年金は出ますか？

私は定年退職し、これからは妻と二人で温泉に行ったり、一度は海外旅行をしたりしようと思っていました。ところが、妻は三年ほど前から、料理をすると鍋を焦がす、調味料を入れ忘れるなどがつづき、ついに料理をまったくつくれなくなりました。掃除・洗濯もできなくなり、会話もなくなりました。

私が家事全般をこなし、さらに妻の身辺の世話をしています。このままでは共倒れになるのではないかと心配です。私が先に逝くこともあり得ると思うと、ますます心配です。

いまは私の年金でなんとか暮らしていますが、このような状態の妻に障害基礎年金は出るのでしょうか？

高齢の夫婦のどちらかが倒れた場合、深刻な事件としても報道されています。六四歳A男さんの計画では、六二歳の妻B子さんと介護付き老人ホームに入りたいが、自分の老齢年金だけでは足りない。妻に障害基礎年金が出ればなんとかなりそうなので、という相談です。

B子さんが初診年月日から一年六ヵ月すぎたときの状態は、障害基礎年金に該当すると思われました。あとは、保険料を払っているかどうかの問題ですが、B子さんの場合は全期間の三分の二以上払っているか、または六〇歳までの一年間をきちんと払っているかということが条件になります。ややこしく、わかりにくい条件です。

結論は「社会保険事務所に行って、B子さんの障害基礎年金を請求する」ということになりました。A男さんを励ましながら、わかりにくい請求の手続を済ませました。

三ヵ月後、A男さんが妻B子さんを連れて私を訪ねてきました。障害基礎年金を受けられるようになったということです。

A男さんと私が「よかった、よかった」といってよろこび合っていると、それまでまったく無表情だったB子さんが、ニコリとほほえんだのです。なにか、感じたのでしょうか。

そんなB子さんを見てA男さんは涙ぐんでいました。

B子さんがなぜほほえんだのか、A男さんがなぜ涙ぐんだのか、私に本当のところはわかりませんが、そんなお二人を見て、私も胸にこみあげるものがありました。

お二人のこれからは、まだまだ山あり谷ありです。寄り添って帰っていく後ろ姿に、改めて、日本の貧弱な社会保障制度をなんとかしなくては、と強く思いました。

荒々しく進められている弱肉強食の社会の動きを否定し、みんなが安心して暮らせる社会をめざしたいと思いました。

A男さん、B子さん、これからもいつでも相談に来てください。

六六歳で脳梗塞

六八歳で障害者になりました。障害者手帳をいただきましたが、障害年金は出ないといわれました。なぜでしょうか?

Ｂ子さんは、六六歳のとき脳梗塞で倒れ、回復が思わしくなく、自力での歩行ができなくなり、障害基礎年金を受けたいと思っています。六八歳では、なぜ障害基礎年金を受けられないのかというＢ子さんの疑問は当然です。

残念ながら、現行制度では、障害基礎年金は、六五歳までに障害の状態になったと認められれば、障害の状態が治るまで受給できますが、Ｂ子さんの場合は該当しません。

現行制度は、高齢者を障害年金の保障から除くという大きな問題点をもつことを指摘したいと思います。早急な改善が必要です。

八〇歳の母の障害年金を申請したい

私の母は障害者です。現在八〇歳ですが、高校卒業後、就職し、在職中に失明しました。障害者手帳は持っています。四〇歳ごろ、視力が落ちてきて失明、会社は軽い仕事をさせてくれて五〇歳まで勤めました。障害年金の制度は知らなかったので、請求したことはありません。年金事務所に相談すると、「六五歳までに請求しなければ手続きはできない」といわれました。納得できません。

B男さんは、最近になって、障害年金という制度があることを知り、「障害者の母は、なぜ障害年金を受給していないのだろうか」と疑問に思い、年金事務所に相談に行きました。年金事務所の窓口では、「六五歳までに請求しなければいけない。八〇歳では手続きはできない。請求しても受け付けない」といわれました。

この年金事務所の説明は不親切ですし、そのうえ、まちがっています。障害年金の手続きはむずかしくて煩雑なので、年金事務所が説明をまちがえることがあります。

軽度の障害がだんだん悪化し、障害年金に該当するような病状になる場合には、六五歳までに請求しなければならないことになっていますが、初診年月日から一年半（障害認定日といいます）のときの状態が、障害年金に該当する状態であれば、さかのぼって請求できます。この点で、年金事務所の説明はまちがいです。

Ｂ男さんのお母さんは、初診年月日から一年半のとき、すでに失明の状態だったので、診断書を添えて、障害年金の請求をすることができます。この請求は、もちろん、いまからでもできます。実際の支払いは五年間だけさかのぼります。年金事務所の担当者を説得し、請求書を受け付けてもらうため、Ｂ男さんは「がんばります」といいます。私も同行して手続きを完了させたいと思っています。

障害基礎年金と老齢厚生年金の併給

私は現在六五歳、一〇年間会社勤めをしてから、脱サラして飲食店を二〇年やりました。五六歳で胃癌の手術、他の臓器器官も悪くなり、店を閉め、現在は障害基礎年金を受給しています。六五歳になると、若いときの厚生年金の分も併給されると聞きました。障害基礎年金と老齢厚生年金は、両方受給できるのですか？　またその手続きはどのようにしたらいいのですか？

B男さんは、奥さんに付き添われながら相談に来ました。九年前、胃の全摘手術を受けたときに商売をやめ、奥さんが会社に勤めつづけて生活を支えました。現在は、心臓も悪く国民年金の障害二級に該当し、月額六万六〇〇〇円の障害基礎年金を受給しています。生活費は、奥さんの年金一〇万五〇〇〇円と合わせて約一七万円です。健康な人より何かとお金が必要なので生活は苦しいといいます。

二〇〇六年四月に法律が改正されるまでは、どちらかの年金だけしか受給できませんでした。つまり、払った厚生年金保険料は無駄になっていたのです。いまは、六五歳から障害基礎年金と老齢厚生年金は併給されることになっています。

B男さんの場合も、この法律改正に該当し、六五歳から老齢厚生年金も合わせて受給できます。すぐ近くの年金事務所に申し出て試算してもらい、手続きをしてください。貴重な数万円の年金増額を手にすることができます。

「障害者が障害年金を受給していない」という状況は、かなり広範囲にあると思われます。理由として、受給要件がきびしくて手続きがむずかしい、制度が知られていない、などがあります。国民年金制度ができ、国民皆年金となって五〇年になろうとしています。「障害者は障害年金を受給できる」ことが当たり前になるように、制度の再構築を急いでもらいたいと切に思います。

生活保護と障害年金の併用

私は四〇歳、統合失調症です。生活保護を受けています。障害者手帳も持っています。障害年金の手続きをしたいのですが……。

生活保護を受けている場合、障害年金を受けると、生活保護費から障害年金分が差し引かれます。B男さんの手元に入る金額は変わりませんが、B男さんは障害年金の手続きをしたいといいます。

B男さんは体調のよいときに相談に来ます。そこで手続きの説明をしようとすると「わかった」といって帰ります。その後はしばらく音沙汰がなくなり心配していると、電話が繰り返し掛かって長電話になります。「アパートに居づらいから刑務所しか行くところがない」となげきます。

B男さんの場合、解決とはなんだろうかと考えてしまいます。B男さんの「苦しさと哀しさ」に触れることは、私もつらいことです。

障害年金の手続きには「初診年月日はいつか」「初診年月日は二〇歳前か、後か」「初診から一年半の病状はどうか」「現在の病状はどうか」「保険料の納付状況はどうか」ということが問題になります。

B男さんの場合、初診年月日がはっきりしないので、手続きには粘り強さが必要になりそうです。

障害年金を二級から一級に変更したい

私は、若いころ、交通事故で左手の手首を切断、右手にも軽い障害が残りました。年額で約一八〇万円の二級の障害年金を受給しています。日常生活は、妻に助けられながら右手だけで食事をし、ズボンをはき、トイレの後始末もし、なんとかやってきました。私にできる仕事を探し、安い給料ですが働きつづけてきました。

ところが最近、右手が後ろにまわらなくなり、トイレの後始末もできない、風呂で体を洗えないなど日常生活が非常に不便になりました。会社も辞めました。

一級の障害年金を請求したいと社会保険事務所に相談しましたが、六五歳を過ぎているから一級には変更できないといわれました。

障害厚生年金は、病状の重い順に一級、二級、三級がありますが、障害基礎年金は一級と二級だけです。一級の年金額は二級の二五％増しとなります。病気が重くなったときは、申し出て、年金額を増やしてもらう必要があります。しかし六五歳前であることが条件となります。

Ａ男さんは期待をもって社会保険事務所に行きました。がっかりしているＡ男さんに制度を説明する私もつらい気持ちです。

一九八五年の法律の改悪は、ここでも冷酷な顔をのぞかせます。Ａ男さん、この怒りをいっしょにもちつづけましょう。

働いたら、障害基礎年金は打ち切られるの？

私は三五歳、統合失調症で障害者手帳を持っています。生活保護を受けていますが、障害基礎年金を受給すると生活保護費は受け取れないのですか？

病気が軽くなったら働きたいのですが、働いた場合、障害基礎年金も生活保護も打ち切られるのですか？

Ａ子さんは、北海道から東京に出てきて就職しましたが、人間関係がうまくいかず何度か転職、精神的に参ってしまい、入院もしました。三〇歳のとき、病院で知り合った人が相談にのってくれて、生活保護を受けることができました。働いて得たお金で暮らしたいけれど、長続きできるかどうか自信がないといいます。障害年金の手続きをしたいと相談に来られました。

まず、障害年金を受給すると、その金額が生活保護費から引かれます。

つぎに、収入があると障害年金はどうなるのかということですが、障害基礎年金は、初診日が二〇歳前か、二〇歳以後かで条件がちがいます。初診日が二〇歳前の病気の場合には、所得制限があって、一定の所得を超えると支給停止となりますが、所得が減ると支給が再開されます。初診日が二〇歳以後であれば、所得による制限はありませんから、病気が治るまで障害基礎年金は支給されます。国民年金は、二〇歳前は保険料を負担していない、二〇歳以後は保険料を負担しているということがこの差になるのでしょうか。

Ａ子さんの場合は、初診日は二〇歳以後ですから、障害基礎年金については所得制限はありません。

かなりの数の障害者が、障害年金を受給していないという実態を、厚生労働省も認めています。障害年金の手続きの煩雑さを、まず改めるべきでしょう。

障害者手帳はあるが、障害年金の基準は？

私は六六歳、輪郭ぐらいは見えますが目がほとんど見えません。歩くときは杖をつき、用心しながら歩いています。日常生活は、同居する娘にすべてやってもらっています。障害者手帳は持っています。

障害年金の制度をよく知らなかったのですが、いまから障害年金を受けられるでしょうか。どの程度の視力に対して支給されるのですか？

障害厚生年金には一級、二級、三級があり、障害基礎年金には一級と二級があります。該当する級に応じて障害年金額もちがいます。この場合の級は、障害者手帳の級とはちがいます。法律がちがうので、級の決め方もちがうのです。

視力、聴力、上肢・下肢の障害、精神の障害、内科的疾患による障害などの状態にたいして基準が示されています。

視力については、一級は、両眼の視力の和が〇・〇四以下、二級が両眼の視力の和が〇・〇五以上〇・〇八以下、三級は両眼の視力が〇・一以下となっています。

つぎにこの病気についての初診日がいつかを証明しなければなりません。古い病気だと立証が困難ということもしばしばあります。

さらに、初診年月日の二ヵ月前までに、A、一年以上、保険料を納付しているか、免除・学生の特例納付・猶予の手続きをしているか、B、全期間の三分の二以上の保険料を納付しているかの条件のいずれかを満たしているか、などもあります。これを納付要件といいます。

また二〇歳前の病気については、保険料を払っているかいないかは条件とはされません。

B男さんの障害年金の手続きは、これからひと山もふた山も越えなければなりません。B男さんは真剣です。

つらい生活が原因で精神疾患

私は、恋人のB男さんからの突然の電話で、A子さんの自殺を知りました。

A子さんはうつ状態がひどくつづくなかで障害基礎年金の請求をしましたが、不支給になりました。不服申し立てをして、審査会での審理の順番待ちという状態のときの自殺です。以下、生前のA子さんの相談内容です。

「いままで苦しかった過去を振り返ると、とても長くつらい人生でした。それはいまもつづいています。両親は、私が小学校三年のときに離婚、母は私が中学校卒業のころに再婚しました。

その義父が借金を抱え、私の高校卒業式の前日に、ビルから飛び降り自殺をしました。やり場のない悲しさや悔しさのなか、ちょうどそのころから悪友との付き合いが始まりました。

ずっとうつ気味だった私に、悪友たちは「いやなことを忘れられるから」と覚醒剤をすすめてきました。一八歳の終わりごろ、被害妄想、幻覚、幻聴に悩まされ、母親に相談して病院に通い始めました。

外に出るのも人と話すのも怖くて、いつも恐怖心がつきまといました。そんな自分に疲れて、もう将来なんかないと思い、首を吊りました。しかし意識がなくなったところを弟にみつかって、意識を取り戻しました。その後も、生きていても苦しいだけだし家族に迷惑がかかるだけだと思い、リストカットなど、何度も自殺未遂をしました。首を吊った後、ずっとあごが上を向いて顔をまっすぐにできなくなり、友だちにも馬鹿にされました。あのころは、家族にも暴言を吐き暴力を振ったり、マンションの屋上から飛び降りようとして、とにかく、毎日、死にたいと思っていました」

その後もA子さんと私は、電話で何度も話し合いました。

「阿久津さん、A子です」という留守電のA子さんの声が、いまも聞こえてきます。

A子さんは、覚醒剤を使ったことが精神障害の原因であるとされ、障害基礎年金は不支給となりました。私は、A子さんの成長期のさまざまな困難こそが、精神障害の原因の大半であると思いますし、未成年のときの一時的な薬物使用が精神障害の原因と断じることに疑問と怒りを感じました。

審査会の判断はA子さんのつらい人生をきちんと見ない、あまりにも酷な判断ではないでしょうか。

涙をこらえながら手紙を読み終わった後、私はすぐにA子さんに電話しました。何度も読み返したことを伝え、これからもいつでも電話したいときに、年金者組合か私の自宅に電話をくれるようにと話しました。

特別障害給付金支給条件

娘Ａ子は、明るく学校の成績もよい、自慢の娘でした。大学生時代にうつ状態になり、後に統合失調症と診断されました。

当時、学生は、国民年金に加入する・加入しないが自由だったので、Ａ子も学生時代に国民年金には加入していませんでした。そのため国民年金未加入中の病気だからという理由で障害基礎年金は不支給となりました。

【特別障害給付金】という制度ができたと聞き、請求しましたが、社会保険事務所からいろいろな提出書類を要求され、困惑しています。結局、書類がそろわず、また不支給でしょうか？

Ａ子さんにもお会いしました。三〇代のＡ子さんは、知的な雰囲気の美しい方です。

一生懸命に自分のつらい気持ち、病状を訴えます。私は、A子さんの話を最後までうなずきながら聞きました。

父親のB男さんは、社会保険事務所から提出書類の指示があるたびに私のところに相談に来ます。

精神病の患者は、家族が隠す、医者に行かない、家にこもるなどの例は珍しくなく、指示どおりの書類を揃えることがとてもむずかしいのです。そうこうしているうちに障害基礎年金や特別障害給付金が不支給になってしまいます。

「初診年月日がはっきりしないので、発病当時の状況について第三者の意見を書いてもらうように」などという指示もあります。

娘の病気を隠しつづけた父親に、この指示は非常につらいものです。父親は自らを責め、娘の将来を案じます。精神病への偏見で、家族を含めて多くの人たちを苦しめている実態が浮き彫りになります。

父親のB男さんは、来るたびにだんだん顔色が悪くなり、表情に苦悩がにじみ出てきます。

障害者が障害年金を受けるという当たり前のことを実現するために、障害年金制度が社会の実態に合わせて変わらなければならない必要を痛感しています。

一九八六年三月までは、障害のある子どもは、年齢に関係なく親の遺族年金を受けることができました。この制度なら、Ｂ男さんはＡ子さんに遺族年金を残すことができました。Ｂ男さんの顔色もちがっていたでしょう。

しかし現在の制度は、子については一八歳未満、または二〇歳未満の障害のある子だけが遺族年金を受けられます。したがってＢ男さんは、Ａ子さんに遺族年金を残すことができないのです。

年金制度の改悪は、ここにも残酷な顔をのぞかせます。

Ｂ男さんは、不支給の決定を受けた障害基礎年金については不服の申し立てをしました。

私も、さらに相談をつづけながら支給のための努力をつづけたいと思います。Ａ子さん、Ｂ男さん、一緒にがんばりましょう。

「特定障害者に対する特別障害給付金の支給に関する法律」は平成一七年四月から新しく創設された制度です。

国民年金の任意加入の期間に加入していなかったために障害基礎年金を受給できない障害者の方々に「特別障害給付金」を支給しようというものです。

《支給対象となる方》

①昭和六一年三月以前に国民年金任意加入の対象であった被用者（厚生年金・共済組合などの加入者）の配偶者

②平成三年三月以前に国民年金加入の対象であった学生であって、任意加入していなかった期間内に初診日があり、現在障害基礎年金の障害など級に該当する人

ただし、六五歳に達する日の前日までに当該障害状態に該当した方に限られ、障害基礎年金や障害厚生年金、障害共済年金を受給することができる方は対象から除かれます。

《支給額》

障害基礎年金１級に該当する方……月額五万円
障害基礎年金２級に該当する方……月額四万円
これらの支給額は毎年度物価の変動により改定されます。

（厚労省ホームページより）

第4章　遺族年金

遺族年金を受給する手続き

私は七〇歳、七六歳の夫と二人暮らしでした。七月に夫が死亡、夫は四〇年間厚生年金に加入していました。族年金の手続きはどのようにしたらよいでしょうか？　私は専業主婦だったので、老齢基礎年金のみを月額五万円受給しています。この年金はどうなりますか？

遺族年金の額は、年金事務所で見込み額をすぐに出してくれます。Mさんの老齢基礎年金は、遺族年金と併給になります。Mさんの場合、「ご自分の老齢基礎年金＋夫の遺族厚生年金」を受け取ることになります。Mさんに厚生年金があると、併給に一部調整があります。なお、遺族年金は課税の対象になりませんので、覚えておいてください。年金の手続きは、住所地の近くの年金事務所でします。遺族年金の裁定請求書をもらってください。戸籍謄本・住民票・非課税証明書など、必要な添付書類の説明書がついていますから、それにしたがって書類を揃えてください。

なぜ遺族年金が受けられないの？

公務員だった夫は昭和三三年に死亡。私は遺族年金を受けていません。なぜ受けられないのでしょうか？

共済組合に調べてもらいました。Ａ子さんの夫は、一二年間公務員として働き、在職中に死亡しました。当時の公務員の遺族年金は一七年以上の加入者に支払われます。Ａ子さんには、一時金は支払われるが遺族年金は支払われない、とのことでした。

釈然としないA子さんの気持ちは当然です。私もこのようなケースにであうと、年金制度の矛盾、不公平に突き当たる思いがします。

遺族年金額の計算

私は六〇歳です。夫は厚生年金加入中に三〇歳で死亡し、遺族年金を受給してきました。最近になって、結婚する前の夫の年金記録が遺族年金の計算に入っていないことが分かりましたが、年金事務所で年金額は増えないといわれました。納得できません。

厚生年金加入中に若くして死亡したときには、実際の加入期間で計算しないで、二五年（三〇〇月）加入したとして遺族年金額を計算する仕組みになっています。若い人が死亡した場合、実際の加入期間で計算すると遺族年金は低額となり、遺族への一定程度の生活保障の役割を果たせなくなることへの配慮なのでしょう。

古い記録を合算すると二五年を超える場合には、年金額は増えます。A子さんの夫は、約一〇年厚生年金に加入しましたが、遺族年金の計算は二五年加入したものとして計算されています。

A子さんの場合、新たにみつかった夫の年金記録を合算しても二五年を超えませんから、年金額は変わらないのです。ただ、古い期間がみつかり、賃金の平均が下がる場合には年金額も下がります。この場合には、古い期間を入れないことを申し出て、現在の遺族年金を受け取ることができます。

しかし遺族年金は全体として低額で、高齢女性の貧困の一因となっています。制度的に底上げの検討が必要と思われます。

生きているうちに遺族年金額を知りたい

夫は国家公務員でした。夫の共済年金が二〇万円、私の老齢基礎年金が五万円、合わせて二五万円の収入で夫婦二人で暮らしています。夫が脳梗塞で倒れ、経過が思わしくありません。万が一の場合、遺族年金はどのくらい出るのでしょうか？
夫の看病で忙しく、自分で調べることができないので、教えてください。

夫や妻が、遺族年金額を知りたいという相談は、珍しくありません。生きているうちに、遺族年金の計算をしてもらうことに躊躇する人もいますが、遠慮することはありません。

一般的には、年金額はプライバシーに関することになりますので、ご主人からの委任状を持って、相談に行くことになります。

ご自身の場合には、まずは共済組合に直接電話し、事情を説明してください。計算式と遺族共済年金の見込み額を書いたものを郵送してくれます。Ｂ子さんは、自分の老齢基礎年金五万円と、夫の遺族共済年金を両方受給できます。

中途退職による低年金化、夫の死亡による妻の年金生活の貧困化に、多くの人がおびえています。

また、「所在不明の高齢者」問題で見えてくるのは、高齢者の貧困・現役世代の就職難と貧困・生活保護が機能しない・不十分な介護保険制度・人と人とのつながりが希薄になっていることなどです。

遺族年金に時効はありますか？

私の夫は、在職中に病気になって退職し、その三年後、亡くなりました。いまから一〇年前のことです。遺族年金を受給できるでしょうか？

厚生年金加入中に初診を受けた傷病で、初診日から五年以内に死亡した場合、死亡時に退職していても、遺族厚生年金の対象になります。

C子さんの夫は在職中に体調をくずし、重い糖尿病と診断されました。すぐに会社を退職し治療に専念しましたが、亡くなってしまいました。初診日から五年以内の死亡ですから、遺族厚生年金を請求することができます。さらに、一八歳未満の子、二〇未満の障害のある子がいれば、遺族基礎年金も受給できます。

C子さんの場合、会社を退職後の死亡で、教えてくれる人もなく、制度を知らないいままに一〇年経ってしまいました。Ｃ子さんは、時間がたったからもうだめかと思っていたといいます。

年金には、「時効」という制度があり、五年以内に請求しなければならないとなっていますが、これは、年金の請求権そのものが消えるわけではありません。さかのぼり分としては、一〇年分ではなく五年分だけ支払われるという解釈になっています。これから、Ｃ子さんの遺族年金の請求に付き添っていきます。

夫婦別姓でも遺族年金は出ますか?

A男さん「配偶者に先立たれ、結婚したい相手ができました。夫婦別姓でも遺族年金など受けられますか? 相手のB子さんも配偶者を亡くし、現在、一人暮らしです。一緒に暮らしたいと思っています。私の年金は、厚生年金が月額二二万円、B子さんは国民年金のみで、月額五万円です。私に万一のことがあった場合、私の年金を遺族年金としてB子さんに遺すことができますか?」

B子さん「私は自分の名前に愛着があります。結婚したいけど、できれば名前は変えたくないと思っています。夫婦別姓が早く認められるといいのですが……。二人とも家があり、どちらに住むか相談中です。財産は、家とわずかな預貯金だけです。料理が好きなので、A男さんには健康によい食事をつくって食べさせたい。遺族年金まで心配してくれるA男さんには申し訳ないと思っています」

遺族年金は、年収が八五〇万円程度以下であれば、受けられます。

①婚姻届が市区町村役場で受理され、戸籍上の妻になると、そのとき以後に配偶者が死亡した場合は遺族年金を受け取れます。

②婚姻届を出さない事実婚、いわゆる内縁関係についても、一定の条件はありますが遺族年金を請求できます。

③他に配偶者がいる重婚の場合は条件が厳しいのですが、認められる場合もあります。

A男さんとB子さんは①と②のどちらを選ぶか、迷いはつづくようです。

先日、東京の山手線に乗りました。やっと小学生かと思われる男の子が座っていました。その男の子がさっと席を立ち、私に「どうぞ」というのです。私は感激し、「ありがとう」と未来の紳士にお礼をいいました。隣にゆったりと座っている若いお母さんも素敵な雰囲気の方です。私は未来の紳士、いや、すでに紳士であるこの少年の将来に思いを馳せました。

いま、高齢者は、年金の手取りが減り、医者に行けば窓口負担が増え、医者にかかれないかもしれないという不安におののいています。A男さん、B子さんも病気になったらどうしようかという不安を抱えながらのスタートです。高齢者として残された時間を、お二人でゆたかに過ごされますようにと心から祈っております。

がんの夫が退職後に急死

私は一人っ子なので、結婚については病弱な両親のことを考えて悩みました。話し合いの末、私の両親と同居してくれることになり、結婚に踏み切りました。

三年ほど経ったころ、夫はがんと診断されて、顎の骨を一部切り取る手術をしました。完治とまではいえませんが、日常生活ができる程度に回復し、通院しながら仕事もつづけました。

その後、通院のために欠勤することが多くなり、会社の迷惑を考えて辞職。治療に専念しました。ところが、退院後、がんが転移し、急激に悪化、死亡してしまいました。

夫のいない食卓で、病弱な両親を見ながら、これからの生活をどうするか、不安で頭がいっぱいになります。
社会保険事務所の話では、在職中の死亡であれば問題なく遺族厚生年金が出るが、退職後の死亡の場合には、初診年月日から五年以上経っていると遺族厚生年金は出ないといわれました。何とかならないでしょうか。

結婚八年、夫B男さんががんで死亡し、妻A子さんが遺族厚生年金を請求したけれど不支給となったケースです。三〇代に入ったばかりのA子さんは専業主婦ですが、出ると信じていた遺族厚生年金が出ないといわれ、大ショックです。夫B男さん亡き後の生活設計がすっかり狂ってしまったA子さんは、私の目をまっすぐに見て、真剣です。

社会保険事務所のいうように、会社を退職せず休職の状態にしておけば、厚生年金には加入しつづけることになります。B男さんが厚生年金の加入中に死亡した場合には、A子さんは遺族厚生年金を受けることができます。退職後の死亡の場合には、初診から五年以内の死亡についてのみ、遺族厚生年金が出ることになります。

Ａ子さんの話では、会社から退職を迫られたわけではなく、治療に専念したい気持と会社への遠慮とが重なり、辞表を出してしまったようです。Ａ子さんは、しきりに悔いていました。

遺族厚生年金は、障害厚生年金の受給者が死亡したときにも出ます。Ｂ男さんが、生前にさかのぼって障害厚生年金に該当するようであれば、Ａ子さんに遺族厚生年金が出ます。

すでに社会保険事務所で「請求しても遺族年金は出ない」といわれており、むずかしいケースですが、Ａ子さんと相談しながら、

①さかのぼって障害厚生年金の請求をする

②障害厚生年金の受給者の死亡による遺族厚生年金の請求をする

③不支給の決定に対しては不服申し立てをする。

以上、三通りのことをやってみるつもりです。

ねばり強く主張して年金を獲得した人もいます。Ｂ子さん、一緒にがんばりましょう。

第４章　遺族年金

第5章　これでは生きていけない

厚生年金は二〇年、国民年金は二五年

　Bさんは、どこか粋な感じのする六二歳の男性です。音楽関係の仕事をされ、若いころは、はなやかに暮らしていたのでしょう。年金など、関心もなかったといいます。厚生年金に入った時期もありましたが、よく覚えていないといいます。年金を受けるために、どうしたらいいのかという相談です。

　Bさんに職歴を書き出してもらい、調べてみると、厚生年金に入っていた時期がありました。加入期間が一八年ありましたので、あと二年、厚生年金に加入すれば老齢年金を受けることができます。

　私はBさんに、あと二年がまんして働いて、二〇年にしてはどうかといいました。B

さんは首を振って、「社会保険に入れるような就職先はない、もう二年も探している」というのです。

国民年金に加入して老齢年金を受けるには、合計二五年が必要ですから、二五から一八を引くと、あと七年が不足しています。六九歳まで掛けつづけることになります。たった二年の就職先をみつけることができないきびしい現実は、むなしいとしかいいようがありません。

働きたいときには職があり、年をとれば年金で安心して暮らせるということがあたり前の世の中にしたいと切実に思います。社会保障の充実があってはじめて先進国といえるのではないでしょうか。

離婚します、年金分割はできますか?

私はずいぶん前から、子育てが終わったら離婚しようと思ってきました。もう一度、生き直してみたいのです。まだ夫にはいっていません。

二〇〇七年四月一日から、離婚した場合に年金を半分ずつ分けられると聞きました。どのような制度ですか? 私には自分の厚生年金はありませんが、分割した場合、いくらになるのか、夫に内緒で教えてもらえるのでしょうか?

「離婚後の年金分割金額を夫に内緒で知りたい。一番下の子が就職したので、離婚し、人生をもう一回やり直したい」というA子さんは多くを語らず、淡々としています。女性の変化を感じさせます。

「離婚した場合、夫婦で年金を分ける」という厚生年金の分割が、二〇〇七年四月一日から始まりました。

①二〇〇七年四月一日より前の離婚は対象にならないこと

②離婚後、二年以内に申し出ること

③婚姻期間についての分割であること

④分割割合は、五割を限度とし、夫婦の合意により決めること、合意できないときは裁判所に決めてもらうこと

⑤二〇〇八年四月以後の三号期間については、合意は必要なく半分に分けること

などが決められています。

ここで注意しなければならないのは、夫の全加入期間を基に計算した年金額を分けるのではなく、婚姻期間について計算した年金額の分割という点です。思っているより少ない額になるかもしれません。また、妻にも厚生年金の加入記録があれば、夫と妻と合計して分割します。分割後の年金は、A子さんの口座に直接振り込まれますし、その後、元夫が死亡しても年金額に変更はありません。

今後の生活設計のために、早く分割後の年金額を知りたいという声があります。その声に応えてか、社会保険事務所では、「離婚による年金分割」の年金額の計算をすることになりました。戸籍謄本、年金手帳などを持参すると、計算してもらうことができます。離婚前の相談であれば、婚姻関係を考慮し、相談したことを相手には知らせないことになっています。離婚後については、相談したことを相手に知らせることになっています。

六五歳以上の人は、分割した年金をそれぞれ受給するということになりますが、六五歳未満の人は、婚姻期間中の厚生年金の加入期間を分割します。その後、受給資格ができたときに、分割した年金をそれぞれ受け取ることになります。

A子さん、年金分割という制度をご説明しましたが、あなたの再出発にどのように影響するのでしょうか？　再度、お考えをお聞かせください

第５章　これでは生きていけない

「せめて一人分だけでも」

A男さん六三歳は、社会保険事務所に行きましたが、年金を受けるには期間が三五ヵ月不足といわれました。職人で会社勤めをしたことがありませんから、厚生年金に加入したことはありません。「仕事があれば、働けるうちは働きたいと思っていますが、いつまで働けるか不安です。妻には年金が出るようにしてやりたい」といいます。

妻のB子さん六〇歳は、結婚する前に、約七年間会社に勤めて厚生年金に加入していましたが、二八ヵ月不足といわれました。結婚後はずっと専業主婦で、職人気質の夫を支えてきました。仕事がなくてたいへんな時期もありましたし、生活に手一杯で保険料を払うことは後回しになりました。いまは、パートの仕事を探しています。

「六〇歳を過ぎても、国民年金に加入して不足分を払えるそうですね。しかし国民年金保険料を二人分、一万三八六〇円×二=二万七七二〇円を毎月払うことはできません。一人分ならば何とか払えると思います」とA男さんは真剣です。

A男さんが年金を受け取るのに必要な資格期間は原則二五年（三〇〇月）です。六〇歳から六五歳未満までは「任意加入」という制度があり、六五歳から七〇歳未満までは「特例任意加入」という制度があります。

A男さんは、この制度を使って不足する期間を補い、年金を受けられるようにすることができます。資格期間は二五年はあるけれども、もっと年金額を増やしたいという場合には、六五歳まで掛け足すこともできます。

B子さんの場合、二八ヵ月の不足について、すぐに任意加入の手続きをして国民年金の保険料を払いはじめたとします。厚生年金の「脱退手当金」をもらっていなければ、二八ヵ月後には、七年間の厚生年金の加入期間について「特別支給の老齢厚生年金」を受け取れるようになります。

六五歳からは、国民年金と厚生年金を合わせて計算し、老齢基礎年金と老齢厚生年金を受け取ることができます。この老齢厚生年金の四分の三は、遺族厚生年金として夫に遺すことができます。

無年金の両親を引き取りたい

四三歳、妻と子ども二人で暮らしています。都営住宅が当たったので両親を呼び、同居しようと思います。両親は現在、無年金です。しかしかなり掛けているはずなので、調べ直して欲しいのです。

Bさんは、都営住宅に当たったことをよろこんでいます。公営住宅に当選した安心感と、年老いた両親を呼び寄せ、親孝行しようという気持ちが伝わってきます。

無年金というご両親の記録を調べました。お父さんは、国民年金のみ加入で二五五月納付、お母さんは、国民年金七八月納付、厚生年金一一月加入でした。

生活保護を受けたことはあるか、障害年金を受けたことはあるか、海外にいたことはあるかなどをお聞きしましたが、いずれも「ない」とのことで、無年金という結論になりました。

老齢年金の受給資格期間は、三〇〇月（二五年）以上となりますが、実際に保険料を払った期間以外に、免除を受けた期間（生活保護を受けた期間・障害年金を受けた期間・免除などを申請し認められた期間など）、海外にいた期間も三〇〇月に含めることができます。

ご両親の場合、年金は無理ですが死亡した場合に、遺族に死亡一時金は出ます。

Ｂさんの表情は真剣で、繰り返し同じことを聞かれました。無年金の両親を引き取ることによる今後の生活への不安があったのでしょうか。

二五年の受給資格期間という過酷な条件は、世界にも例がなく、高齢者はもちろんのこと、Ｂさんのような若い人をも苦しめています。

切実な思いで待っている無年金者のために、受給資格期間の短縮を急いでもらいたいと切望します。

払った分を返してくれ

六六歳の大工です。国民年金に加入し、保険料を二二年一〇ヵ月分払いました。六〇歳のとき、社会保険事務所で「年金を受けるためには二五年必要で、二六ヵ月不足している。任意加入して二五年にしてください」といわれましたが、毎月一万数千円の保険料を払うのはむずかしく、現在、無年金です。最近、仕事中に怪我をしましたが、障害年金も出ないといわれました。何ももらえないのなら保険料を返してほしいのです。

Yさんの質問から、現在の年金制度の矛盾がはっきり見えてきます。

①資格期間として二五年も必要というのは、世界に例のない過酷な条件です。

②年金をもらえないならば保険料を返して欲しいとYさんはいいますが、国は返してくれません。国民年金・厚生年金には「脱退一時金」という制度がありますが、この制

度は外国籍の人だけが対象となります。外国籍の人が外国に住んでいるときに請求できる制度で、Ｙさんは日本国籍ですから請求できません。

その他に、国民年金には死亡一時金という制度があり、Ｙさんが亡くなった場合に一七万円の死亡一時金を遺族が受け取ることはできます。

③六〇歳以上六九歳まで、不足している期間を掛け足すことができる「任意加入」「特例任意加入」という制度があります。しかし、任意加入の期間については免除制度を使えませんから、保険料を払えなければこの制度を使うことはできません。

④Ｙさんの実態は、工務店に雇用されていると思われますが、請負という形で仕事をしているので、厚生年金ではなく国民年金加入ということになっていました。結果的に年金は低年金となってしまいます。

⑤障害基礎年金は、六五歳以後の初診については対象になりません。

結局、Ｙさんと一緒に、市役所に生活保護の相談に行きました。かなりの人たちにある生活保護への偏見は、Ｙさんを苦しめます。生活保護という制度が、最後の安全網としてＹさんの生活再建に機能することをひたすら願っています。

八五歳で無年金

私は、二〇歳で山形から上京し、飲食店に勤めました。三五歳で旅館の経営を任され、無我夢中で働きつづけました。七〇歳のとき旅館の経営から手を引きましたが、多少の貯えもありましたので、生活を切り詰めながら今日まで人に頼らずに生きてきました。年金には加入していなかったので無年金です。貯えも残り少なくなり、今後の生活が不安です。

旅館の経営をしていた八五歳のA子さんは無年金、足をちょっと引きずっていますが、お元気です。年金相談会場を前日にたしかめに来たといいます。弁舌さわやか、貫禄充分、贅沢ではないけれど服装のセンスもすてきで、首に巻いたスカーフが印象的です。七〇歳で引退のときには多少の貯えがあり、老後は、贅沢はできないが、生活を切り詰めればなんとかなると思っていたそうです。しかし、「八五歳になり、貯えがそろそろ底をつきそうで不安になった、まだ一〇年は生きそうだから相談に来た」といいます。公的年金の威力を痛感し、加入しなかったことを後悔しているともいいます。

残念ながら、いまの制度は「保険料主義」であり、払った保険料に応じてしか、年金が支払われません。その結果、大勢の無年金・低年金者が存在することになりました。無年金者は一一八万人ともいわれ、国民年金だけの人の平均年金月額は四万九〇〇〇円という低さです。この公的年金の現状は、高齢者に苦難、苦渋を強いています。A子さんのように、高齢者は貯蓄が底をつく不安の真っ只中にいます。

「最低保障年金制度」は、全国民的な要求になっているのではないでしょうか。国民の声に応えて、無年金・低年金者の現実から議論を出発させ、早急な創設が待たれています。

A子さん、生活保護は権利です。申請のときはご一緒します。

生活保護は権利？

私は六六歳です。厚生年金に一八年加入しましたが、年金受給に必要な二〇年に二年(二四ヵ月)不足で現状のままでは年金を受けられません。「ねんきん特別便」の内容に疑問があり、何度も調べてもらいましたが、漏れている記録がみつかりません。心臓がわるく病院通いのため、あと二年働いて厚生年金に加入し、二〇年にすることは不可能です。貯えも底をつき、このままでは電車に飛び込むしかないかと思うときもあります。生活保護を申請しようとも思いますが、迷います。

B男さんは、働きながら夜学に行き、高校、大学を卒業したという努力家です。体格がよく、読書好き、会話のなかにゆたかな知識があふれます。B男さんは、「ねんきん特別便」を受け取り、内容を見て疑問をもちました。記憶をたどり、職歴を書き出し、年金事務所（社会保険事務所）に調査をして欲しいと申し出ましたが、年金事務所（旧・社会保険事務所）も「年金記録確認第三者委員会」も、Ｂ男さんのいい分を認めませんでした。

すっかり世の中への不信感を募らせたＢ男さんは、心臓がさらに悪くなり、奥さんも家を出ていってしまいました。Ｂ男さんが「生活保護を受けようと思うので、どうしたらよいか」と電話してきたとき、すぐに会い、手続きの注意点などを説明し、人間らしく生きる権利を守る運動をしている団体を紹介しました。

Ｂ男さんは、自分で切り開いていく能力をおもちですから、団体の助言も得て、生活保護がすぐに出ました。

数日後、Ｂ男さんからの「今日、お金が振り込まれました。生きていけます。ありがとう」という電話にほっとしましたが、決断するのは大変だったと思います。「生活保護は権利である」という運動を、さらに強めていきたいと思いました。

第6章　怒りと哀しみ

八〇歳をすぎて脳梗塞

私は、健康には自信があり、それまでほとんど医者に行ったことがありませんでした。ところが二年前、急に具合がわるくなり、意識を失いました。救急車で病院に運ばれたとのことです。病名は脳梗塞で、リハビリに励みましたが右手と右足に後遺症が残りました。私は、ずっと働きつづけてきたので社会保険事務所に相談しましたが、私の場合は、老齢年金も傷害年金も出ないといわれました。何とかならないでしょうか?

Yさんは何度か転職し「働きつづけた」のですが、その間、社会保険に加入していない会社がありました。そのため、厚生年金の加入期間が一八年となり、老齢年金を受けるのに必要な二〇年に二年不足していました。

国民年金保険料を払ったことがある場合は、厚生年金と合わせて二五年になれば老齢年金が出ますが、Ｙさんは国民年金の保険料を払ったことはありません。したがって、Ｙさんはこのままでは老齢年金を受けることはできません。

Ｙさんはいいます。

「あと二年働いて加入期間を二〇年にすることは健康状態から不可能です。国民年金の保険料をあと七年払いつづけることもできません。一八年間払いつづけた厚生年金の保険料は無駄ということになるのですか」

つぎに障害年金について調べてみました。Ｙさんは、六〇歳で定年退職後、パートで働いていましたが社会保険には加入していませんでした。加入中の病気ではないので、障害年金も出ないということになります。

Ｙさんの怒りはつぎのようになります。

①なぜ二〇年、二五年という長い期間が条件になるのか。あまりにも長すぎる。
②八時から五時まで働き、残業もしたのに、なぜ社会保険に加入できなかったのか。会社の責任は？　社会保険事務所や社会保険庁の責任は？
③障害年金を受けるための条件がきびしすぎる。国は、障害年金を受けられない障害者の問題をもっと真剣に考えてもらいたい。制度に問題があると思う。

私は、Ｙさんの怒りは当然であり、いまの年金制度への重要な問題提起であると思います。結局、Ｙさんは、生活保護を受けることになりました。生活も安定し、表情もおだやかになったＹさんは、話題も広くなりました。「生活保護は権利である」と、改めてかみしめています。

わずかな年金から天引き

息子は、税金が増えて給料が四万円減ったといっている。また制度が変わって、私たち夫婦は息子の扶養になっていても国民健康保険の保険料を払わなければならなくなり、わずかな年金から天引きされるともいっている。ほんとうでしょうか？

Ｂ男さんが相談に来られたとき、顔はこわばり、興奮してことばもまとまりません。最初は、Ｂ男さんが何をいっているのか、意味がわかりませんでした。八三歳の高齢者がこれからの生活への強い不安におののいているのです。

「息子の給料と私たちのわずかな年金とでやっと暮らしている。定率減税の廃止などで、現役の息子の税金も増えて、私も年金から国民健康保険料を天引きされたら暮らせない」ということを必死に訴えるのです。

国は社会保障に使うお金を抑えようとして、医療保険の改悪を打ち出しました。医者に行ったとき窓口で払う一部負担金を増やし、息子や娘に扶養されている高齢者からも保険料を取り、しかも天引きの範囲を遺族年金、障害年金に広げました。

まじめに働いて、これだけ？

> 私は五九歳、三〇年間働きつづけてきました。六〇歳が定年なので、来年からの生活設計を具体的に立てようと思い、社会保険事務所で見込み額を出してもらいました。月額約一〇万円といわれましたがこれでは暮らせません。また働いて年金の不足分を補うしかありませんが、再就職できた場合、年金はどうなるのでしょうか？

多くの女性は、社会保険事務所で見込み額を聞いて、おどろきます。予想より低い年金額に顔色を変えます。A子さんもその一人です。A子さんが、六〇歳以降も働きつづけて厚生年金に加入した場合、賃金の月額（ボーナスを含めた年収を一二で割った額）によって、年金が、A全額出る、B一部出る、C全額ストップする場合に分かれます。六四歳までは、賃金と年金との合計額が二八万円未満の場合、年金を全額受け取ることができます。二八万円を超えると、超えた分の二分の一が、年金額からカットされます。

例えば、月給二〇万円の会社に就職した場合、年金額一〇万円との合計額三〇万円から二八万円を引くと二万円で、その半分一万円が年金からカットされます。一方で、厚生年金の保険料は払いつづけるわけですから、退職したとき、年金額は再計算されて増えます。六五歳からのカットはもう少しゆるやかですが、ここでは説明を省略します。

二〇年以上働いた人の平均年金額は、月額で男性は一九万円、女性は一一万円、全体では一七万円となっています。男女間の貸金格差は年金格差となり、老後に影響していま す。さらに賃金格差は正社員と派遣社員との間にも広がっており、このままでは、年金格差もますます広がりつづけることになります。

A子さんは、「三〇年間、まじめに保険料を払いつづけてきて、老後を年金で暮らせないなんて、年金制度がまちがっている。直すべきだ。みんな、おとなしすぎる」といいます。

退職一時金の返金

現在、年金を受給しています。最近になって、共済組合から、以前もらった退職一時金を返すようにといってきました。退職一時金の計算の対象になった期間は年金の計算に入っているので、一時金、約七〇万円に利息をつけて約三〇〇万円を返せといってきました。おどろきました。利息はたいへんな高金利で計算しています。どうしても納得できません。拒否できないでしょうか?

共済組合のいい分は不当であり、いわれるがままには返したくないとB男さんが怒るのも当然です。共済組合と話し合いました。内容は、①高金利は不当であり、②年金生活者で三〇〇万円をさっと返せる人はあまりいない、③当面、月々一万円の分割払い、ということで結着しました。しかしこれも、苦い思いの残る解決結果となりました。

過払い金の返金請求

社会保険庁から、年金を払いすぎたので一四〇万円返すようにという通知がきました。年金生活のなかではとても返せません。どうしたらいいのでしょうか?

いろいろな理由で年金が過払いとなる場合があります。年金生活者は、一四〇万円を返せといわれたら途方にくれてしまいます。

Yさんの場合、返さないということはできません。社会保険事務所と相談して、Yさんに可能な金額で分割払いをすることができます。毎月一〇〇〇〇円ずつ返している人もいます。がんばってください。

無念

私は年金加入期間が不足し、無年金。生活保護を受けて一人で生活していました。「宙に浮いた年金記録が五〇〇〇万件ある」との報道に、自分は、本当は年金を受けられるのではないかと思いはじめました。生活保護ではなく、年金で生活したいと思います。

Ａさんにも「ねんきん特別便」が送られてきました。「お上のやることにまちがいはない」と思っていたＡさんは、「ねんきん特別便」を見て、おどろきました。自分の職歴と合わないのです。

何度も社会保険事務所（現在の年金事務所）に行き、「自分の年金記録には漏れがある」と申し立て、調べてもらいましたが、結局、社会保険事務所では、Ａさんの記録はみつかりません。社会保険事務所でみつからない場合には「年金記録確認第三者委員会」に再度の調査を申し出ることができます。

Ａさんは第三者委員会に申し出ました。第三者委員会は、たくさんの申し立て案件をかかえており、Ａさんは首を長くして待っていました。Ａさんのよろこぶ姿を見たいと思っていた私も、吉報を待ち望んでいました。

そこへＡさんが亡くなったという電話です。ショックでした。Ａさんの無念の思いが伝わってきます。

Ａさんのような例は、他にもあります。年金記録問題は国の責任ですから、国はもっと人材と予算を投入し、早急な解決を図るべきです。

遺族は、Ａさんの調査依頼を引き継ぐことができます。遺族との相談は、これからです。

大学院生の夫、出産をひかえて辞職した妻

妻A子さん：来月出産の予定。本当は働きつづけたいけれど、会社を辞めなければなりません。夫は大学院生で、育児も生活も見通しが立ちませんが、しばらくは専業主婦をしようと思います。いまも実家からの援助でぎりぎりの生活をしていますので、国民年金保険料一万三八六〇円を毎月払うことなど到底できません。国民年金保険料には、免除という制度があると聞きました。適用されるのか、教えてください。

夫B男さん：学生なので経済力がなく、保険料を払えません。これまでに国民年金保険料を払った記憶もありません。妻子のためにも国民年金の加入手続きをし、将来に備えたい。

国民年金の保険料は払えるときは払い、払えないときは免除などの手続きをして期間をつなげておくことが大切です。これをきちんとやっておけば、老齢基礎年金、まさか

のときの障害基礎年金、遺族基礎年金を請求できます。

国民年金保険料を払えないケースは、①所得が低い、②会社を退職した、③学生である、④三〇歳未満である、などの場合には、国民年金保険料の免除、学生の納付特例、若年者納付猶予などの制度があります。

A子さんのように会社を退職した場合には、すぐに市区町村の役場に出向いて免除の手続きをすると、ほとんど認められます。まず手続きをしてみることです。免除が認められると、その期間は年金を受けるのに必要な二五年の期間に入ります。さらに、一部年金額として反映します。

B男さんのような学生の場合は、納付特例という制度があります。判断の基準は、本人の所得だけですから、B男さんも学生である間は、毎年四月に市区町村の役場に行き手続きをしてください。学生証を見せて、かんたんな手続きをします。学生納付特例の期間は、年金を受けるのに必要な二五年の期間としては計算しますが、年金額には反映しません。この期間中については障害基礎年金、遺族基礎年金が保障されます。

B男さんも、国民年金保険料を払えるときは払い、払えないときは学生の納付特例を申請しましょう。

老齢年金の「繰下げ」

六五歳から老齢年金を受け取らないで「繰下げ」を選ぶと、七〇歳までは老齢年金額が増えると聞き、六五歳のとき「繰下げ」を申し出、以後、老齢年金を受け取っていませんでした。七〇歳の誕生月が過ぎてから年金事務所にそれを申し出ました。ところが、年金事務所は、七〇歳の誕生月を過ぎてから申し出た月までの年金は出ない、年金は申し出た月の翌月から支払われるといいます。納得できません。

老齢厚生年金、老齢基礎年金には「繰下げ」という制度があります。六五歳のとき、最大七〇歳前まで年金を受け取らないことを選び、年金額を増やすことができる制度です。「繰下げ」は、七〇歳前までは、年金を受け取らなければ年金が増えつづける制度で、七〇歳からは年金を受け取らなくても増額はありません。

B子さんは、七〇歳のとき年金事務所に行き、年金額を試算してもらいました。そのとき、年金事務所では請求の手続きの話はありませんでした。よく分からないまま数ヵ月が過ぎました。B子さんは、再度、年金事務所に行くと手続きが必要だといわれ、手続きをした月の翌月から支払われるといわれておどろきました。

B子さんのケースには、制度的な問題と年金事務所の窓口の対応の誤りがあります。

①制度的な問題として、「**請求した月の翌月から支払いを開始する**」のではなく「**七〇歳の翌月から支払いを開始する**」ように、法律を改めるべきだと思います。他の該当者からも、納得できないという声が多数あります。早急な改善を求めたいと思います。

②年金事務所の窓口の対応にも問題があります。年金事務所では、**本人の申出により増額した年金額を試算**しています。

そのときに、手続きを説明すべきでした。担当者が、うっかりしたのか、手続きが必要なことを知らなかったのか、いずれにしても手続きをうながさなかった年金事務所は、B子さんの受けた損害に責任があります。

厚生労働省、日本年金機構は、常に具体的な事例から学び、誠実に対応して欲しいと思います。

老齢基礎年金の「繰上げ」

私は七七歳です。六〇歳のとき社会保険事務所に相談に行き、見込み額を出してもらいました。厚生年金の加入期間は短いので、六〇歳からの「特別支給の老齢厚生年金」は小額でした。すぐお金が欲しかったので、国民年金の繰上げ支給を選び、六〇歳から減額された老齢基礎年金を受け取っています。私の「宙に浮いた年金記録」がみつかりましたが、さかのぼり分で損をすることが分かりました。納得できません。

老齢基礎年金は、原則六五歳から受け取ることになっていますが、年金を受け取る年齢を六〇歳から七〇歳未満まで選ぶことができます。年金額は、受け取る年齢によって、減額されたり、または増額となったりします。

A子さんは、六〇歳から減額された老齢基礎年金を受け取り、六五歳から老齢厚生年金も受け取っています。当時は、老齢基礎年金を繰り上げて受け取ると、老齢厚生年金は六五歳まで支給停止でした。最近になって、厚生年金の「消えた年金記録」がみつかり、老齢厚生年金が増えることになりました。A子さんは、六〇歳までさかのぼって受け取れると思い、大よろこびです。

　ところが、年金事務所の説明は、六五歳までしかさかのぼらないということでした。

　理由は、A子さんの場合、「老齢基礎年金の繰上げを選んでいるので、老齢厚生年金は六五歳まで支給停止となるから、訂正後の年金の差額は六五歳までしかさかのぼらない」ということでした。

　年金記録が消えていなければ、六〇歳のときにちがう選択をしていたと思われるケースです。「消えた年金記録」の影響は、予想以上に、広く重いと思いました。年金記録確認第三者委員会による救済の範囲の大胆な再検討を望みます。

五〇歳で、母の介護のために退職

私は五〇歳、大手会社の営業担当です。固定客もかなりいますので、販売実績を上げてきました。仕事がおもしろいさかりです。ところが、田舎で一人暮らしの八五歳の母が倒れ、家庭の事情から私が介護するしかなくなってしまい、退職して母と暮らすことにしました。自分の将来の老齢年金のためにはどうしたらよいでしょうか?

A男さんは、介護が必要になった母親のために、働きざかりの五〇歳で会社を退職しました。苦渋の選択であったことはわかります。当面、母親の遺族年金と自分の貯金をとり崩して暮らすとのことです。A男さんは、お母さんの介護が長引いた場合を考えて、自分の老齢年金のことを心配しています。

A男さんは厚生年金に二七年間加入していますから、六五歳から老齢厚生年金と老齢基礎年金を受け取ることはできます。しかし、定年まで四〇数年間加入した場合と比較して、年金額はかなり低くなります。この差を少しでも埋める方法はないかというご相談です。

現行の公的年金制度で考えると、注意点として、

①六〇歳までは、国民年金は強制加入ですから、国民年金保険料を必ず納付し、払えないときは免除の手続きをする

②任意で、国民年金基金に加入するか、付加保険料（月額四〇〇円）を払い、年金額を増やす

などがあります。さらに、年金制度の変更などもあるかも知れませんので、A、**国や自治体の年金関連の広報に気をつけること、**B、**六〇歳になったときに、国民年金に任意加入するかどうかも含めて、必ず年金事務所に相談に行くこと**を実行してください。

お母さんの介護が終わり、再就職する場合には、厚生年金は七〇歳まで加入することができますから、再就職して年金額を増やすことができます。

介護制度の不十分さが、A男さんの将来を不安に落とし入れているわけですが、A男さんのような例は今後も増えつづけると思われます。

未加入は会社都合

私は、タクシーの運転手です。もうすぐ六〇歳になるので年金事務所に行き、年金の見込み額を出してもらいました。思ったより少ない金額でした。ずっと会社に勤務していたのですが、厚生年金に加入していない期間があったからといわれました。自分の意志ではなく会社が社会保険に加入させてくれなかったのですが、何とかなりませんか?

現在は、週三〇時間程度以上勤務すると、「厚生年金に加入しなければならない」ことになっています。これを二〇時間に短縮し、加入の範囲を広げようという案が出ています。

法律で、事業主は「加入の届け出」を義務づけられています。事業主は正しく届け出る責任があり、国は監督し指導する責任があります。これが守られていないことが、無年金・低年金者が存在する大きな原因の一つになっています。

事業主は、厚生年金保険料の半分を負担しますが、この負担を少なくしようとして「あの手・この手」を使う場合があります。経団連会長の会社が、「偽装請負」でメディアに取り上げられたことがあります。保険料が上がりつづけるなかで、中小企業にとっては大変な負担になっている場合があり、A男さんの場合も、タクシー会社が事業不振におちいったとき、社会保険をやめてしまいました。

A男さんは会社を訴えるといいます。私は、A男さんの気持ちを尊重し、タクシー会社に電話して社長に面会を申し出ました。すべてはこれからで、解決困難な問題ですが、当事者が闘おうとしている気持ちを尊重し、協力していこうと思っています。

脱退手当金などもらっていない

私は七〇歳です。一五歳から長野県の紡績工場で働き始めました。一九歳で退社し、上京して姉のところに住まわせてもらい、定時制高校に入学しました。技術を身につけようと、昼間は簿記の学校に通いました。二一歳のときに公務員試験を受けて合格、区役所の職員になり定年まで勤めました。一五歳から約四年勤めた紡績工場で掛けた分は、厚生年金から受給できるのでしょうか?

A子さんは年金事務所で調べてもらいました。A子さんが紡績工場に勤めた四年間については、たしかに厚生年金に加入していましたが、「脱退手当金」という一時金を受け取っていることになっていました「脱退手当金」を受け取っているとその期間は年金の計算には入りません。年金事務所の態度は、記録どおりだと繰り返すだけです。

ここから、A子さんの奮闘が始まります。「脱退手当金を受け取った記憶はまったくない。たんに金額の問題ではなく、本当のことをいっているのに否定されることはがまんできない」という気持ちで孤軍奮闘しましたが、求めるような結果は得られませんでした。A子さんは、「わらをもつかむ」気持ちで相談に来られたのでしょう。さっそく、文書だけでなく口頭でも東京年金記録確認第三者委員会へ申し立てを行いました。さらに中央第三者委員会からも連絡があり、大学教授や弁護士が居並ぶ会場で、A子さんと私で口頭陳述を行いました。

働きつづけたA子さんは、「脱退手当金という形で年金を清算するはずがない、あり得ない、受け取っていない」と強く主張しました。私も同様の主張をし、「脱退手当金は制度的にも、手続き的にも、支払方法にも問題があった。本人は受給していないのに、記録上受給したことになっている例がかなりある。A子さんのこれまでの生き方を思うと、加入期間を一時金で清算する脱退手当金を請求するとは思えない」と述べました。

結果は、主張が認められて、約四年の期間が現在の年金に加算され、さらに、六〇歳までさかのぼって差額が支払われることになりました。A子さんが、年金者組合に相談に来られてから約二年、A子さんのがんばりに、心から敬意を表したいと思います。

病気の息子の国民年金を払いたい

私は七〇歳です。四三歳の次男のことで相談します。次男は会社を何回も変え、長続きしません。厚生年金には約八年加入しましたが、国民年金保険料を払ったことがありません。このままでは、将来、無年金になるのではないかと心配です。次男が六〇歳になるまでの一七年間分の国民年金保険料を、私が生きているうちにまとめて払うことは可能でしょうか。次男は、私の心配を聞き入れません。

A子さんは、次男と二人暮らしです。血圧が高く、最近、めまいもしてきて病院通いもしています。同居している次男のことがいろいろと気がかりです。
次男は、厚生年金の加入期間も短く、国民年金保険料を払う気もないようなので、自分が生きているうちに次男の年金受給権を確かなものにしておかなくては、と悩んでいます。次男の六〇歳までの保険料を全額まとめて支払いたいという相談です。親心が伝わってきます。

しかし残念ながら、A子さんの願いは、現行制度の下ではできません。国民年金保険料はその年度の三月分までしか払えません。会計年度は四月から翌年の三月までですが、例えば、二〇一〇年七月に支払えるのは、二〇一一年三月分までです。

国民年金の制度ができた当時は、四〇年分の国民年金保険料を全額支払える制度がありました。この制度を使って、親が娘の四〇年分の国民年金保険料を全額支払い、嫁入り道具の一つとしたという話もありました。その後、保険料が上がり、差額を支払わねばならない問題が起きて、差額を支払わないと年金額が減額されることになりました。

かつてあった、六〇歳までの保険料を払える制度があれば、A子さんの思いは叶うことになります。国は再検討してほしいと思いますが、保険料が毎年上がる現状では、むずかしい問題もあります。

名前も、職も転々としてきました

私は、ある事情から、名前を何度か変えたり職を転々としたりして過ごしてきました。六〇歳を過ぎると職もなく、公園でのホームレス生活となりました。生活はきびしく、痛風になり、ついに救急車で運ばれて入院しました。

そこで知り合ったBさんに、いろいろ苦労話を聞いてもらうと、老齢年金が出るかもしれないといわれました。厚生年金には加入しつづけたのですが、名前、生年月日を次々と変えて加入してきたので社会保険事務所には相談しづらいのです。何とかならないでしょうか?

Sさんは、A、B、C、D、E、F、Gの七種類の名前で厚生年金に加入したと主張します。主張通りであれば、厚生年金には二〇年以上加入していることになりますから、老齢年金を受けることができて、ホームレスの生活から抜け出せるかもしれないのです。

Sさんの無気力な表情が明らかに変わりました。偽名であっても記録は残っています。問題は、この七種類の記録がSさんの記録であると、どうやって立証するかということです。

まず、Sさんが勤務していた七つの会社に電話し、Sさんと私の二人で会いたいと申し出ました。二人で会社を訪ねると、「Aさんのことは覚えている、元気ですか?」「Bさんなら一緒に仕事をした、急に辞めてどうしたのかと思っていた」「Cさんとは麻雀をよくやった」など、同一人であることを立証してくれる人がいました。なかには、社長が「Sさんとは会いたくない、後で電話する」ということもありました。

七つの名前はSさんのものであると立証できると確信しました。社会保険事務所が認めれば、老齢年金を請求することができます。

いろいろありましたが、Sさんは社会保険事務所に老齢年金を請求し、月額一八万円の年金を受けることができるようになりました。ホームレスの生活から抜け出したSさんは、年金証書を持って挨拶に来ました。きちんとした服装、整えた髪、顔色もよく、みちがえるような姿です。

　Sさんの例は極端ですが、社会保険庁のまちがいによる場合の他に、「生年月日をいつわって就職した」「弟の名前で就職した」「職歴を隠して就職した」などの理由で、厚生年金の加入記録の一部が整理・統合されないまま年金額が決定されている場合もあるかと思われます。

　いろいろな経過から社会保険事務所に相談しにくい人は、年金者組合に相談してください。若い人も含めてすべての人に、加入記録を送る「年金特別便」が実施されましたが、すでに年金を受けている方も、若い方も、年金事務所で自分の加入記録をたしかめることができます。

第６章　怒りと哀しみ

年金改革の危機

現在、「宙に浮いた年金記録・五〇〇〇万件」のうち、千数百万件が解決しました。これには、まず何よりもご本人の粘り強い努力があり、解決への道を切り開きました。

これからの「消えた年金記録問題」はどうなるのでしょうか。紙台帳に残されたままで、コンピューターに載っていない数億件の記録が存在しますから、「宙に浮いた・消えた年金記録」はどのくらいあるのか、本当のところはだれにもわかっていません。

厚生労働省・日本年金機構（年金事務所）の努力だけでは年金記録問題の解決は不可能という声もあります。あらためて、第三者委員会は、設立時の「一応確からしいものは認める」という原点に立ち返えることも必要ですし、「虚偽の申し立てに罰則を設け、原則として本人の申し立てを認める」という意見に真剣に耳を傾けるときだと思います。

「宙に浮いた年金記録」問題では、政界も混乱し、自公政権から民主党政権へと代わるきっかけとなりました。年金問題への国民の関心の大きさは、投票によってはっきりと示されました。

民主党は、総選挙のマニフェストに最低保障年金制度を掲げました。最低保障という考えは、各政党・各新聞社・学者などの主張にも表れるようになり、必要性は広く認知されてきていると思われます。

年金者組合では、当面の要求として「六五歳以上のすべての人に、国庫負担で三・三万円の支給を」という要求を掲げています。

現在の基礎年金の半額は、国庫負担で支払われています。国庫負担分は、掛けた保険料に比例して支払われ、満額（四〇年間保険料を払った人）の老齢基礎年金の国庫負担分は約三・三万円です。

国庫負担分は、税金で支払われていますから、すべての六五歳以上の高齢者に平等に三・三万円が支払われるべきであるという主張です。三・三万円に払った保険料分をプラスすることを提案しています。これで、無年金の人は三・三万円の基礎年金を受給し、すべての基礎年金受給者は、別表のように増額します（資料1）。

国会に出された「法案」は「消費税増税の条件付き」ですが、一部改善の内容が盛られています。

日本の年金制度は、保険料納付済期間・合算対象期間（資料2）の合計期間が原則二五年以上の人に年金が支払われます。外国の年金制度と比較すると、日本の加入者は、年金受給のために異常といえるような長期間の加入を義務づけられています（資料3）。

この法案には、受給資格期間を「二五年から一〇年に短縮する」という内容が盛られています。この短縮措置で数十万人の無年金者が救済されると予想されています。

現行年金制度は、雇用の状態が年金額にストレートに反映します。男女の賃金格差と、女性

資料1　65歳以上の高齢者に、国庫負担分として3.3万円を支給する場合

単位：万円

現在の年金額	保険料分	国庫負担分	改定後の年金額	保険料分	国庫負担分	引上額
6.6	3.3	3.3	6.6	3.3	3.3	0
5	2.5	2.5	5.8	2.5	3.3	0.8
4	2	2	5.3	2	3.3	1.3
3	1.5	1.5	4.8	1.5	3.3	1.8
2	1	1	4.3	1	3.3	2.3
1	0.5	0.5	3.8	0.5	3.3	2.8
0	0	0	3.3	0	3.3	3.3

（注）たとえば、無年金の人は月額3.3万円の年金を受け取る。現在月額5万円の年金を受けている人は月額5.8万円を、現在月額2万円の年金を受けている人は月額4.3万円の年金を受け取る。

資料２　受給資格期間

＊25年の受給資格期間は、生年月日によって短縮される場合があります。さらに、保険料を払っていないけれど受給資格期間にプラスできる期間もありますから、簡単にあきらめないことが大切です。

＊保険料納付済期間（保険料を払った期間）の他に、保険料を免除された期間（生活保護や障害年金を受給した期間、申請をして保険料を免除された期間、学生の納付特例期間、若年者の納付猶予期間等）も受給資格期間の計算に入ります。
・住所地の市区町村役場・年金事務所に、それぞれの説明文書や手続用紙が用意されていますから、面倒がらずに、必ず手続きをしてください。老齢年金・障害年金・遺族年金の受給権を確保することになります。

＊合算対象期間（カラ期間ともいう）といって、受給資格期間の計算には入るが、年金額の計算には入らないさまざまな期間があります。

①日本人が海外に在住した場合
②日本に帰化した人や永住許可を受けた人の期間
③厚生年金や共済年金に加入している人の配偶者の期間
④厚生年金や共済年金受給権者の配偶者の期間

以上の期間については、いろいろと条件付きで認められます。その他にも合算対対象期間はあります。

＊船員保険や炭鉱で働いていた人の期間、高年齢になって働いた期間については、通常の期間よりも受給資格期間が短縮されています。

年金制度は複雑です。以上、大まかな書き方になりましたが、参考になれば幸いです。これを参考に、年金事務所でこれまでの生活状況を話して相談してください。

の働く期間が短いことなどが、男女の年金額の差となります。また、正規か・非正規かなどの雇用形態の差による賃金格差も、年金額の著しい差となります。「貧困は死ぬまでつづく」という現状を、年金制度の面からも直視したいと思います。

「高齢社会での公的年金制度は、どのようにあるべきか」を考える際には、「すべての高齢者が安心して暮らせる年金制度」を基本理念とし、具体的には、最低保障年金を土台にした年金制度で、老若男女の安心を実現したいと願っています。

障害年金については、障害者が障害年金を受給していない実態がかなりあり、厚生労働省も認めています。受給の条件が複雑でわかりにくいこと、手続きが煩雑なことなどが原因です。この点の改善も喫緊の課題となっています。

年金相談に明け暮れる日々のなかで、国、自治体、労働組合、政党などの相談体制の不備を痛感しました。国、自治体、労働組合、政党などは、国民のために、それぞれの立場で年金相談体制の充実を急いで欲しいと思います。

資料3
「年金相談室通信・第25号」
(年金者組合・年金相談室発行)より抜粋

Q:「受給資格期間25年は長すぎるので、短縮する」という話はどうなりましたか?

A:各国の年金の受給資格期間をご紹介します。

	日本	アメリカ	イギリス	ドイツ	フランス	スウェーデン
受給資格期間	25年	10年	なし (2007年の法改正により受給資格期間は撤廃。ただし、旧法適用対象者の年金受給には男性11年、女性9,75年の加入期間が必要)	5年	なし	なし (保証年金については最低3年のスウェーデンでの居住が必要であり、満額受給は40年の居主が必要)

上の表は、「社会保障と税の一体改革案」(厚生労働省)のなかに載っている資料です。この表から、私たちは、日本の年金の受給資格期間の長さは異常であることを知ることができます。

政府は、25年の受給資格期間に阻まれて、無年金となっている人々のために「受給資格期間を当面10年に短縮」することを急ぐべきです。

将来的には、イギリス、フランス、スウェーデンのように、「受給資格期間は撤廃し、払った保険料はすべて年金額に反映される」仕組みにすべきだと思います。

●プロフィール

あくつ　よしこ

定年まで社会保険事務所に勤務。社会保険労務士。日本年金学会会員。現在は全日本年金者組合年金相談室長として火、木曜日の11時～無料年金相談をしています。

☎年金に関するご相談は
全日本年金者組合中央本部 年金相談室まで
電話 :03-5978-2751　FAX:03-5978-2777

みんなの年金相談室《ねんきんそうだんしつ》

2012年6月15日　初版第1刷
2012年12月3日　　第2刷

著　者　阿久津《あくつ》 嘉子《よしこ》
発行者　比留川 洋
発行所　株式会社 本の泉社
〒113-0033　東京都文京区本郷2-25-6
電話 03-5800-8494　FAX 03-5800-5353
http://www.honnoizumi.co.jp/
印　刷　音羽印刷株式会社
製　本　村上製本所

ISBN978-4-7807-0660-4